PLANIFIER LA PERFORMANCE SPORTIVE

PENSER POUR RÉUSSIR, AGIR POUR CONQUÉRIR

DÉCOUVREZ COMMENT **SURPASSER LES MEILLEURS** DANS UN MONDE DE HAUTE PERFORMANCE.

Dr DENIS BOUCHER, PH. D.

Planifier la performance sportive
Penser pour réussir, agir pour conquérir
Dr Denis Boucher, Ph. D.

ISBN 978-2-9818780-0-7 (Imprimé)
ISBN 978-2-9818780-2-1 (PDF)
ISBN 978-2-9818780-1-4 (Électronique)

Page couverture et édition : Ublo.ca

TABLE DES MATIÈRES

1

CE QUI FAIT LA DIFFÉRENCE

Mes 25 dernières années passées à tester les capacités physiques et mentales d'athlètes de disciplines et niveaux variés m'ont enseigné une chose particulière : la performance ne repose pas que sur l'entraînement et la motivation.

Je suis un scientifique de formation et je suis étonné de constater à quel point les connaissances en matière des sciences du sport (physiologie, psychologie, biomécanique, nutrition, hydratation, gestion de la performance) sont si peu exploitées.

Les sciences du sport reposent sur une notion bien simple : mesurer et comparer des données. Mais sur le terrain, ça ne se passe pas toujours ainsi. Malheureusement, les croyances l'emportent sur les mesures.

Tout le monde croit que l'entraînement améliore la condition physique.

Tout le monde croit que la réussite repose sur la motivation.

Tout le monde croit que le dépassement de soi découle de la capacité à supporter la douleur en tout temps.

On y croit, parce que c'est ce qu'on nous montre de la réussite et ce sont les principaux facteurs que l'on met en évidence à la télé ou dans les reportages sur la réussite. On ne va pas plus loin.

Et donc, on croit qu'un bon entraîneur est celui qui fera souffrir le plus possible un athlète tout en le gardant motivé à endurer cette souffrance. Pour que ça « fonctionne », il faut que tout le monde croit à cette souffrance afin d'atteindre l'objectif ultime.

Mais dans ce contexte, la vérité est que la performance est laissée au hasard et qu'elle ne repose sur aucune base concrète et mesurable. Comme si la recette de la performance se résumait à gueuler après un athlète. Ou, à se convaincre soi-même de l'utilité de la souffrance que l'on s'impose.

Ainsi, de nombreux athlètes échouent non par manque d'entraînement ou de motivation, mais en raison d'un manque de connaissances de la part de l'athlète lui-même, mais aussi de l'équipe de professionnels qui l'entoure. Chacun de ces professionnels appliquant trop souvent en vase clos leur expertise, au lieu de relier entre elles l'ensemble de leurs connaissances au profit du potentiel de l'athlète. Ou bien, l'athlète est lui-même responsable de son échec, parce que sa quête de la performance ne repose que sur des idées préconçues.

On croit aussi que ce qui fait la différence c'est le « mental » de l'athlète. Ce n'est pas faux. Mais encore une fois, personne ne se pose vraiment la question : de quoi découle un mental fort ? Alors, sans chercher plus loin, tout le monde en reviendra à ses croyances de base :

« Motiver l'athlète tout en le faisant souffrir au maximum. Plus il acceptera la douleur et plus il développera un mental fort. »

Et comme il n'y a rien de plus « beau » que de voir un athlète prêt à mourir pour gagner, tout le monde y croit encore plus fort. Mais tout cela a très peu à voir avec la science.

Imaginez pour un instant l'athlète avec le mental le plus fort qui soit. Il est en surentraînement, déshydraté et présente plusieurs microlésions musculaires. Ainsi, son niveau de condition physique est en régression, il s'épuise facilement et son contrôle moteur est affecté. Oui, il a beau avoir le meilleur mental au monde, il n'en est pas moins un athlète diminué dont lui et son entourage ignorent volontairement les signaux d'alarme. Oui, je sais très bien que ne pas vouloir savoir ce qui se passe réellement est rassurant, mais en réalité, c'est complètement idiot et néfaste pour l'athlète.

Combien d'heures sont-elles investies par l'athlète dans un programme d'entraînement qui ne produira que peu de résultats, en raison d'une absence de gestion efficace de la performance ? Je n'ose l'imaginer, mais elles sont nombreuses.

Ainsi, un très faible pourcentage d'athlètes atteindra ses objectifs. L'échec constitue donc le lot de la majorité des athlètes. Alors, ne devrait-on pas se poser la question : pourquoi ? Logiquement bien entendu, les athlètes victorieux seront toujours moins nombreux, car l'échec restera le lot de la majorité. Seuls les meilleurs du moment monteront sur le podium. J'en reviens pourtant à cette question : pourquoi certains athlètes échouent-ils alors que d'autres réussissent ?

Cela demande un effort cognitif considérable de répondre à une telle question, car nous adorons nos modèles mentaux ou en d'autres termes, nos croyances. Ces modèles nous permettent d'expliquer le monde sans avoir à réfléchir. Face aux mêmes problèmes, nous agissons de la même manière, puisque c'est ce que dictent nos modèles mentaux.

Donc, face à l'échec, on présume d'emblée que l'athlète ne s'est pas assez investi dans son entraînement, ou qu'il n'est pas assez motivé. C'est parfois le cas, mais a-t-il agi ainsi parce qu'il est simplement perdu et n'a aucune idée comment tout ce qu'il endure lui permettra d'atteindre le but visé ?

Comme nous le verrons plus loin, l'athlète peut bien croire pendant un certain temps aux « dieux » de l'entraînement et de la motivation, mais dans sa tête il calcule. Il calcule l'écart qui existe entre ses capacités actuelles et celles qu'il doit acquérir pour réussir. Si ce calcul donne un résultat négatif, il luttera contre une gamme variée de pensées et émotions négatives.

Dans le domaine de la performance sportive, malheureusement, bien des personnes affirment savoir ce qu'il faut faire pour réussir, alors qu'elles ne mesurent rien. Il n'y a rien de pire dans le monde de la performance qu'un incompétent qui a de bonnes intentions. Il fera tout pour mettre en application ses « connaissances », même au détriment de l'athlète.

Que voulez-vous, l'incompétent est convaincu au plus haut point qu'il sait ce qu'il fait. Il appliquera donc la dose maximale, se battra coute que coute pour faire valoir son expertise et donc jamais il ne se remettra en question. En fin de compte, c'est malheureusement l'athlète qui en paiera le prix.

Et ainsi, en l'absence de connaissance du « système dynamique » (je développe ce thème plus loin) que constitue l'athlète et des outils de mesure de la performance, sa progression est remise entre les mains du hasard. Hasard qui se définit ici par des croyances concernant la performance et non des faits.

Combien d'athlètes ont-ils été détruits selon vous en raison de cette situation ? Vous pouvez sûrement en nommer un ou deux.

Dans ce livre, je vous propose un modèle de la planification de la performance sportive, où rien n'est laissé au hasard et où tout repose sur des critères mesurables. Faisons ensemble dans les quelques pages qui suivent un peu de science du sport.

2
REMETTRE EN QUESTION NOS CROYANCES

Je dois l'avouer, mon monde mental tourbillonne dans l'étrange. En raison de ma formation scientifique, mes directeurs de recherche à la maîtrise et au doctorat m'ont enseigné à tout remettre en question, moi y compris. Ainsi, je sais très bien que ce que je pense ou ce que je crois n'est qu'une hypothèse tant qu'elle n'a pas été testée. Ce qu'ils m'ont enseigné est selon moi d'une valeur inestimable et je les en remercie.

Je vous invite donc dès maintenant à remettre en question vos croyances. Allons-y avec quelques questions pour débuter.

Prenez quelques instants pour réfléchir et donnez-moi votre définition de la réussite.

____

____

____

Très bien, maintenant, allons-y avec une deuxième question. Que devez-vous faire pour atteindre cette réussite que vous venez de définir?

____

____

____

OK! Quels sont les variables ou les éléments qui permettront à l'athlète, ou à vous-même, de progresser vers cette réussite?

____

____

____

Bien… Et maintenant, comment allez-vous mesurer l'évolution de chacune de ces variables ?

Que devez-vous conclure sur l'athlète qui progresse sur chacune des variables, mais dont la performance globale ne s'améliore pas ?

Commencez-vous à saisir à quel point la planification de la performance s'avère une science qui nécessite beaucoup de réflexion et de travail ? Non, ce n'est pas pour les paresseux.

Comme vous avez pu le constater, définir la réussite représente une tâche assez ardue. Nous possédons une « idée » de la réussite et de ce qui est nécessaire pour y arriver, mais cela reste très général dans la plupart des cas. Rien qui vous permette de tracer une ligne claire qui conduira qui que ce soit au sommet.

Sur le plan scientifique, la tâche ne se révèle pas plus simple. Pour réussir à relever le défi de comprendre la nature même de la performance, j'ai inversé mon questionnement. Vous vous souvenez que j'ai mentionné que davantage d'athlètes échouent par rapport à ceux qui réussissent. Et puis, je vous ai lancé la question : pourquoi ?

Cette réflexion peut sembler anodine, mais elle a changé radicalement ma vision de la performance sportive. Ainsi, au lieu de me demander pourquoi les athlètes réussissent, je me suis demandé pourquoi ils échouent.

Je vous ai d'ailleurs demandé une définition de la réussite. Avouez que vous avez patiné avant d'écrire possiblement une belle grande phrase philosophique qui ne permet de mesurer absolument rien de concret et d'utile.

Mais, si je vous demande de définir l'échec. La réponse est nettement plus simple. Qu'est-ce qu'un échec ? Réponse : un résultat auquel nous nous attendions ne se produit pas ; ou, quelque chose d'inattendu se produit.

Bien plus simple comme définition n'est-ce pas ? Et si maintenant nous allions plus loin. Puisque nous connaissons la définition d'un échec, peut-on définir son origine ? Enfin, la raison de cet échec.

Quelle est donc l'origine d'un échec ? Une personne désire atteindre un but, elle passe à l'action, mais ne comprend pas ou ne maîtrise pas parfaitement le « monde ou le système » dans lequel elle évolue. Son action ne répond pas adéquatement à la séquence de tâches requises pour atteindre le but poursuivi et alors un résultat auquel nous nous attendions ne se produit pas ou un résultat auquel nous ne nous attendions pas se produit.

La définition de l'échec et l'explication de son origine lient ensemble trois éléments importants :

1.   Le but poursuivi.
2.   Les actions ou la séquence de tâches réalisées.
3.   Le résultat obtenu.

Aussi étrange que cela puisse vous paraître, ces 3 éléments-clés établissent une connexion entre les pensées de l'athlète, ses buts, ses actions et ses résultats.

PENSÉES
BUTS – ACTIONS – RÉSULTATS

Grâce à une structure relativement simple, nous pouvons ainsi répondre à des questions d'une importance capitale :

1. De quelle manière l'athlète comprend-il le but poursuivi, évalue-t-il ses chances de réussite et perçoit-il ses capacités ?

2. Comment ses pensées, son niveau de condition physique, son état physique général, l'environnement dans lequel il évolue et sa perception de la situation influencent-ils ses actions ?

3. Quelle a été la séquence d'actions utilisée par l'athlète ?

4. Pourquoi cette séquence d'action a-t-elle conduit à l'échec et pourquoi l'athlète s'en est-il tenu à celle-ci ?

Ici, nous avons donc en main un modèle de base pour analyser et comprendre le « monde » de l'athlète. Ce modèle nous permet par la suite d'agir positivement sur ce « monde ».

Ce modèle possède une force particulière. Il nous amène à comprendre le fait que deux athlètes de même niveau évoluant dans une même discipline réagiront de façon totalement différente lors d'un même évènement.

Le « monde » d'un athlète ne peut donc pas s'appliquer à l'autre. Ignorer ce fait en pensant que la même stratégie produira le même impact chez tous les athlètes constitue une grave erreur.

Si je vais plus loin maintenant, nous pouvons donner une définition au mot « réussir ». Pensons-y quelques instants. Nous venons d'expliquer l'échec. Et qu'est-ce que cette explication nous permet de comprendre ? Que l'athlète est parti du point « a », s'est rendu au point « p », a régressé au point « k » et ne s'est donc jamais rendu au point « z ». Dit simplement, il n'a pas comblé l'écart qui existait entre son niveau et celui qui était espéré.

Qu'est-ce que réussir alors ? C'est combler l'écart qui existe entre là où l'athlète se situe actuellement et où il doit se rendre. Cette définition semble fort simple, mais c'est là où tout le monde se trompe. En fait, puisque la réussite est un concept où l'humain entre en jeu, nous devons alors modifier quelque peu cette réponse pour celle-ci.

Réussir c'est combler l'écart qui existe entre : où l'athlète « perçoit » être, et où il « pense » devoir se retrouver. Eh oui, je viens d'introduire dans la définition de la réussite une notion qui change absolument tout : la perception de l'athlète. Et c'est ici que le plaisir commence !

Maintenant que les bases de travail sont établies. Il nous faut en comprendre chacun des aspects. Nous allons donc relier entre elle toutes les variables de la performance afin de peaufiner notre capacité de planification de la performance.

Analysons donc comment fonctionne le « monde » de l'athlète. Parce que c'est de son monde dont il s'agit, et non du nôtre.

3

DE LA PENSÉE AU BUT

Les pensées de toute personne, et donc de tout athlète, sont orientées vers le désir d'atteindre des buts.

Tel que déjà expliqué pour la plupart des personnes cependant, réussir ne repose que sur la motivation et le désir de se dépasser. Pourtant, motivation et désir de réussite ne sont que des concepts abstraits qui ne permettent pas de définir la structure de pensée, les étapes à franchir, ni les comportements à adopter pour atteindre l'objectif.

De plus, la motivation et le désir de réussite sont des attitudes plutôt linéaires. Soit, une tentative de maintenir un état émotionnel positif constant tout au long de la quête de l'objectif. Cependant, cet état émotionnel est toujours mis à rude épreuve, car la progression vers l'objectif n'a rien de linéaire.

Progresser vers l'objectif repose sur un processus de rétroaction ou à chaque étape, nous devons ajuster notre stratégie en fonction des informations à notre disposition. Réussir est un processus dynamique et non linéaire.

Je le répéterai probablement trop souvent, mais c'est certain que vous vous en souviendrez : l'athlète pense en fonction des buts qu'il poursuit, agit pour atteindre ses buts et obtient des résultats (positifs ou négatifs).

Dans la définition de la réussite, j'ai précédemment introduit la notion de « perception » : réussir c'est combler l'écart qui existe entre où l'athlète « perçoit » être, et où il « pense » devoir se rendre.

Sur le plan psychologique, cela introduit une dimension d'une importance capitale : comment l'athlète pense-t-il et se sent-il ? En fait, chaque personne mesure l'écart qui existe entre où elle perçoit être et où elle désire être. Si elle perçoit que cet écart se réduit, donc qu'elle progresse vers l'objectif, elle vivra des émotions positives. À l'inverse, si elle perçoit que l'écart s'agrandit, donc qu'elle s'éloigne de l'objectif, elle vivra des émotions négatives.

Mais, comme vous le savez, il est plus facile de percevoir le négatif que le positif. Sans balises concrètes de mesure de progression, l'esprit s'emballe et imagine immédiatement le pire.

Si nous voulons éviter que l'esprit de l'athlète dérape et s'embourbe dans l'inquiétude, la peur de l'échec et les émotions négatives, nous ne devons pas laisser la performance à l'interprétation. Si nous permettons à l'athlète d'interpréter ses progrès (le laisser les évaluer à la lumière de sa seule perception), il est presque inévitable que les émotions négatives et le stress l'emporteront. Ainsi, il utilisera toutes ses énergies pour lutter contre ses propres pensées et émotions négatives. De ce fait, il perdra tout contrôle de la situation et l'échec sera inévitablement la seule résultante possible.

Ici également, l'aspect mental devient plus concret. Nous pouvons mieux expliquer pourquoi un athlète vit du stress et des émotions négatives. En intégrant l'ensemble des variables en lien avec la performance de l'athlète, il devient dès lors plus facile d'identifier les facteurs qui engendrent du stress chez l'athlète et d'apporter les correctifs nécessaires.

Il peut être parfois essentiel d'aider l'athlète à mieux gérer ses émotions, mais dans l'éventualité où les pensées et émotions négatives découlent d'une perception d'absence de progrès, il sera plus efficace de travailler sur les variables qui permettront à l'athlète de quantifier sa progression. Rappelons-nous que percevoir une progression engendre des émotions positives. Les émotions positives demeurent un très bon remède contre le stress et les pensées négatives.

Ainsi, la planification de la performance exige la mise en place de plusieurs étapes. Il faut :

1. Définir clairement le but à atteindre
2. Mesurer les capacités de l'athlète.
3. Déterminer comment réduire l'écart à combler.
4. Élaborer un plan d'entraînement qui permettra à l'athlète de progresser.
5. Mesurer les progrès régulièrement.
6. Ajuster le plan en fonction des résultats obtenus.

Grâce à une telle planification, nous orientons les pensées et émotions de l'athlète à travers un canal d'actions, de mesures, de rétroactions et de réajustements qui l'obligent à focaliser son attention sur des éléments concrets et quantifiables. Je le répète, rien ne doit être laissé à la simple motivation ou au désir de réussir, car si c'est le cas, c'est une catastrophe annoncée d'avance.

La première étape de la planification de la performance est la formulation du but poursuivi. Cela peut paraître simple au premier abord, mais nous devons avant tout analyser ensemble les différentes formulations que peut prendre un but. Il faut aussi comprendre de quelles manières celles-ci sont liées à nos valeurs. Ainsi, nous pourrons saisir l'importance que mérite la « formulation d'un but ». Mais avant tout, afin de relier ensemble efficacement toutes les variables de la performance, nous nous attarderons pour commencer à comprendre comment nous structurons nos pensées et comment celles-ci conduisent à la poursuite de buts spécifiques.

Donc, les pensées de l'athlète sont orientées vers l'atteinte de buts. Ces mêmes buts prennent naissance au cœur même des valeurs qui les animent. Quant à elles, les valeurs constituent les croyances qu'entretient une personne quant au fonctionnement du monde. En fonction de ces croyances, nous poursuivons des buts et pour atteindre ces mêmes buts, nous adoptons des comportements. Cela commence à être bien connu pour vous n'est-ce pas ?

Analysons un peu plus ce concept. En somme, en fonction de nos croyances (valeurs), nous poursuivons des buts et pour atteindre ces mêmes buts nous adoptons des comportements.

Les valeurs nous sont inculquées principalement par notre éducation, la société et nos expériences de vie. Elles sont différentes d'une personne à l'autre, d'un athlète à l'autre.

À titre d'exemple, voici une liste des valeurs[1] que l'on retrouve le plus souvent dans la population : amitié véritable, amour accompli, bonheur, égalité, harmonie intérieure, liberté, plaisir, reconnaissance sociale, respect de soi, sagesse, famille, sentiment d'accomplissement, un monde de beauté, un monde de paix, une vie confortable, une vie excitante, spiritualité, religion, accomplissement personnel.

Il peut y en avoir d'autres pour vous, mais afin de bien vous impliquer dans le travail que nous allons faire ensemble dans ce livre, je vous invite maintenant à définir dans le tableau suivant, par ordre d'importance (1 étant la plus importante), les 10 valeurs qui vous représentent le mieux.

---

1. Basé sur les travaux de Milton Rokeach.

TABLEAU 1 : VALEURS

1	
2	
3	
4	
5	
6	
7	
8	
9	
10	

Également, afin de « devenir » qui vous êtes à travers vos valeurs, vous estimez implicitement devoir posséder certaines qualités humaines. Parmi ces qualités nous retrouvons : aimant, ambitieux, capable, courageux, fidèle, grandeur d'esprit, honnête, imaginatif, indépendant, indulgent, intellectuel, joyeux, logique, maîtrise de soi, poli, propre, responsable, serviable.

Encore une fois, je vous invite à utiliser le tableau suivant afin de faire la liste par ordre d'importance (1 étant la plus importante) des 10 qualités humaines qui vous représentent.

TABLEAU 2 : QUALITÉS HUMAINES

1	
2	
3	
4	
5	
6	
7	
8	
9	
10	

Je répète le lien afin qu'il s'ancre bien dans votre cerveau. Chaque humain, dont chaque athlète, agit en fonction de son système de croyances quant au fonctionnement du monde (ses valeurs). Ces croyances s'expriment à travers un système des pensées et de qualités humaines, qui déterminent les buts qu'il poursuit. En finale, ce système guide les comportements (actions et décisions que nous prenons). Personne n'échappe à cette règle.

Afin de clarifier ce point, voici un exemple. Une personne pour qui la religion constitue la valeur la plus importante passera le plus clair de son temps à penser à Dieu, et son but principal dans la vie sera de prier aussi souvent que possible. Mais, si la religion ne fait absolument pas partie de ses 10 principales valeurs, aucune de ses pensées ni aucun de ses comportements ne seront en lien avec une religion particulière.

Précédemment, je vous mentionnais que trois éléments-clés établissent une connexion entre les pensées de l'athlète, ses buts, ses actions et ses résultats :

1.   Le but poursuivi.
2.   Les actions ou la séquence de tâches réalisées.
3.   Le résultat obtenu.

PENSÉES
BUTS – ACTIONS – RÉSULTATS

Maintenant que nous venons de comprendre que nos valeurs sont à l'origine de notre système de pensée, nous devons maintenant l'intégrer dans notre figure précédente et la positionner en premier.

VALEURS
PENSÉES – BUTS – ACTIONS – RÉSULTATS

À ce moment-ci, nous venons d'établir le « principe de fonctionnement » de l'athlète. Les valeurs qui font de lui ce qu'il est, engendrent ses pensées. Ces mêmes pensées sont orientées vers l'atteinte de buts. Pour atteindre ses buts, il doit agir et de ces actions découleront des résultats (positifs ou négatifs).

Nous souhaitons bien entendu que les actions qu'entreprendra l'athlète produiront des résultats positifs et qu'ainsi il comblera l'écart entre sa position actuelle et celle qu'il désire atteindre.

Avant de pousser plus loin notre analyse, je vous présente quelques situations qui rendront l'ensemble de ces liens plus clairs. Comme vous le constaterez, les conséquences de chaque situation seront différentes et favoriseront une meilleure compréhension de ceux-ci.

SITUATION 1

Une des valeurs principales de l'athlète est le bonheur. Il s'investit dans sa discipline parce que dès son jeune âge, ses parents l'accompagnaient dans chaque compétition et cela le rendait très heureux. Il possédait aussi un talent naturel. Pendant des années il a donc progressé. Arrive le moment où il atteint un niveau supérieur et où l'implication des parents n'est plus suffisante et pourrait même être néfaste au progrès de l'athlète. Ainsi, les parents laissent leur place à une équipe de professionnels plus compétents et une discipline d'entraînement de plus haut niveau est établie. Cette nouvelle discipline s'avère essentielle si l'athlète veut progresser. L'athlète doit donc atteindre de nouveaux objectifs au quotidien, mais il y perd le plaisir. Le bonheur qu'il éprouvait avant n'existe plus. Les nouveaux objectifs (buts) entrent alors en conflit avec une de ses valeurs principales : le bonheur. Si personne ne s'est attardé à bien comprendre l'athlète et que l'athlète lui-même ne peut expliquer clairement ce qu'il ressent, le conflit naissant entre les buts poursuivis et ses valeurs nuiront très rapidement au progrès tant souhaité.

SITUATION 2

Le père de l'athlète est ingénieur en aéronautique et sa mère médecin. L'intelligence était une valeur importante pour les parents et ils l'ont transmise à leur enfant. L'enfant a hérité des parents, il entreprend des études universitaires et s'investit à fond dans sa discipline et ses études. Pour lui, réussir dans le sport et dans les études nécessite de l'intelligence.

Un nouveau coach le prend en charge et pour lui, la réussite repose sur la rage de gagner. Vous saisissez immédiatement le problème n'est-ce pas ? Rage et intelligence ne feront pas bon ménage et comme notre athlète ne peut modifier sa compréhension du monde pour passer d'un être qui valorise l'intelligence à un être qui se comporte comme un animal, nous avons là tous les éléments d'une catastrophe à venir.

SITUATION 3

L'athlète est jeune et il ne pense qu'à s'entraîner. Il vieillit, il devient plus mature et voilà que soudain il rencontre quelqu'un et l'amour saute en première position de ses valeurs. Tout le monde tente de l'« attacher » à son entraînement, car on ne veut pas qu'il perde de vue ses objectifs de réussite. Mais, il n'y a rien à faire. L'amour (et les hormones) est en première position. Si l'équipe qui s'occupe de son entraînement s'acharne à le retenir au lieu de chercher à établir un équilibre entre entraînement et amour, le conflit deviendra majeur et tout le monde perdra.

C'est donc inévitable, nos valeurs déterminent nos pensées et nos pensées déterminent nos buts. Si un conflit entre les buts et les valeurs est présent, l'athlète ne poursuivra donc plus les buts en lien avec la performance sportive et n'agira donc plus pour réussir.

Oui, c'est le cerveau qui décide d'agir. On ne peut imposer des buts et des comportements à un cerveau qui ne les acceptent pas. Et il ne les accepte pas tout simplement parce qu'ils (buts et comportements) ne sont pas en harmonie avec ses valeurs.

Dans votre planification de la performance, la première question à vous poser est :

** Les buts que je poursuis
sont-ils en harmonie avec mes valeurs ? **

Répondre à cette question, c'est prédire ce qui se produira ensuite.

Cette question est essentielle. Cette question est primordiale. Cette question est d'une importance capitale. Vous comprenez… Et comme la vie change, nous changeons également. Il est donc important de se poser cette même question chaque année, afin de comprendre où nous en sommes.

4

FORMULER EFFICACEMENT UN BUT

Nous voulons donc que les actions qu'entreprendra l'athlète lui permettent de progresser vers l'objectif fixé. Je vous expliquais quelques pages plus tôt, que la planification de la performance exige la mise en place de plusieurs étapes :

1. Formuler clairement le but à atteindre

2. Mesurer les capacités de l'athlète.

3. Déterminer comment réduire l'écart à combler.

4. Élaborer un plan d'entraînement qui permettra à l'athlète de progresser.

5. Mesurer ses progrès régulièrement.

6. Ajuster le plan en fonction des résultats obtenus.

À cette étape, il faut donc déterminer le but à atteindre. Cependant, si le but est mal formulé, cela peut amener l'athlète et l'équipe qui l'entoure à s'égarer totalement. Ce qui est en soi un drame à éviter.

Nous allons donc comprendre la nature même d'un but et la manière bien précise de le formuler. Mais avant, j'ai encore un exercice pour vous. Il est important de le compléter, car cela vous permettra d'obtenir une meilleure compréhension de ce sujet.

De nouveau, je vous invite à lister par ordre d'importance (1 étant le plus important) les buts que vous poursuivez (au maximum 10). Je ne vous propose ici aucun exemple. C'est à vous de les identifier et de les formuler. Rédigez-les tel que vous les pensez. Également, je vous demande d'utiliser l'échelle de difficulté, afin de préciser à quel point vous trouvez difficile d'atteindre chaque but. Encerclez le chiffre entre 1 et 10 correspondant à votre évaluation (1 = but facile à atteindre ; 10 = but extrêmement difficile à atteindre).

TABLEAU 3 : LES BUTS POURSUIVIS

	FORMULATION DU BUT	DIFFICULTÉ À ATTEINDRE LE BUT
1		1 2 3 4 5 6 7 8 9 10
2		1 2 3 4 5 6 7 8 9 10
3		1 2 3 4 5 6 7 8 9 10
4		1 2 3 4 5 6 7 8 9 10
5		1 2 3 4 5 6 7 8 9 10
6		1 2 3 4 5 6 7 8 9 10
7		1 2 3 4 5 6 7 8 9 10
8		1 2 3 4 5 6 7 8 9 10
9		1 2 3 4 5 6 7 8 9 10
10		1 2 3 4 5 6 7 8 9 10

Pour atteindre un but, que doit-on faire? Évidemment, agir, adopter des comportements, passer à l'action.

Vouloir atteindre un but sous-tend inévitablement le désir de réussir. Et pour réussir, il faut penser efficacement et prendre les bonnes décisions. Mais pour que cela se produise, il s'avère essentiel que la formulation du but possède des caractéristiques particulières.

En somme, si vous formulez mal un but, ce que vous souhaitiez qu'il se produise n'arrivera pas, ou se produira quelque chose auquel vous ne vous attendiez pas. Autrement dit, vous aurez échoué. Vous n'aurez pas réussi à combler l'écart entre où vous êtes actuellement et où vous deviez vous rendre.

Vous ne trouvez pas que tout commence à s'imbriquer et à prendre son sens?

Regardons à ce moment-ci la manière dont un but peut-être formulé. Vous comprendrez à quel point cette formulation influencera les comportements de l'athlète, ainsi que sa progression (ou régression) vers l'atteinte du but fixé.

LES FORMULATIONS PROBLÉMATIQUES DE BUTS : NÉGATIVES, VAGUES, GÉNÉRALES

Souvenez-vous toujours de ceci : un but mal formulé ne peut engendrer d'actions efficaces.

BUT NÉGATIF

Un athlète peut poursuivre un but négatif. Par exemple, imaginons qu'il vise la première place à une compétition. Il peut formuler le but de façon négative : «je ne veux pas arriver en deuxième place». Son but est formulé négativement, car il veut à tout prix éviter quelque chose, soit l'échec de la deuxième position.

Ce but négatif canalisera ses pensées dans une direction très particulière. Il restera à l'affut de toutes les informations possibles qui lui démontrent qu'il s'éloigne de la première place. Chaque information qui confirmera qu'il s'éloigne de la première place provoquera en lui des pensées et émotions négatives. Il brûlera toutes ses énergies à lutter contre ses pensées et émotions négatives. Il perdra le contrôle et échouera.

> ## La formulation du but dirige la façon de penser dans l'immédiat

BUT VAGUE

Le but vague, de par sa formulation, rend impossible toute forme de mesure des progrès réalisés. Par exemple un but tel : je veux surpasser tous les compétiteurs. Il s'agit d'une formulation tellement vague qu'il ne permet pas de déterminer concrètement l'écart qui existe entre l'athlète et « tous les compétiteurs à dépasser » et rend impossible toute mesure de progrès, puisque personne ne peut déterminer vers où doit tendre le progrès.

BUT GÉNÉRAL

Vous pourriez alors modifier le but et le formuler de façon générale : je veux remporter la victoire aux prochains championnats mondiaux. Ainsi, il devient plus concret et permet d'établir de balises plus évidentes : quand cela devra se produire et quel niveau est visé. Mais encore, ce but ne spécifie pas quel est l'écart à combler, comment le combler ni comment mesurer les progrès de l'athlète. Un but général s'accompagnera malheureusement d'un entraînement général et non d'un entraînement spécifique comme cela devrait être.

Je vous glissais un mot précédemment sur la valeur « religion ». Pour revenir à ce thème, je me souviens avoir lu un exemple très intéressant, mais malheureusement, je n'arrive pas à retrouver le nom de cet auteur ni l'article scientifique afin de vous fournir la référence.

En ses propres termes, il présentait donc la différence entre un but vague et spécifique.

— « Je vais à l'église pour me rapprocher de Dieu. »

— « Je vais à l'église pour prier. »

Se rapprocher de Dieu représente la formulation d'un but la plus vague qui soit. Ainsi, comment se rapproche-t-on de Dieu ? Comment mesure-t-on que nous nous soyons rapprochés de Dieu ? Qui peut me dire si je me suis rapproché ou éloigné de Dieu ? Si je me rapproche de Dieu, comment vais-je le percevoir ?

Ce genre de but nous laisse face à des questions sans réponses et il devient donc impossible d'adopter des comportements qui garantiront des résultats.

À l'opposé, la personne qui va à l'église pour prier Dieu a atteint son objectif dès la première prière complétée. Pas de questionnements existentiels sans réponse. Un simple comportement qui produit un résultat : prier.

Vous comprenez donc que ces deux personnes, pour qui la religion constitue la valeur la plus importante, ne vivront pas des pensées de même nature. Pour la première personne, sa vie mentale s'avèrera nettement plus compliquée.

Vous pouvez ainsi faire le parallèle avec un athlète.

LE BUT AUQUEL ON NE PENSE JAMAIS D'EMBLÉE : LE BUT IMPLICITE

Les buts explicites sont ceux que vous êtes capable de formuler. Les buts implicites, de par leur nature, ne deviennent le plus souvent explicite que face à des difficultés, des problèmes ou des dangers.

Par exemple, un soldat en mission a comme but explicite d'accomplir sa mission et comme but implicite de ne pas se faire tuer.

Le cycliste a pour but explicite de se qualifier, et comme but implicite de ne pas casser sa chaîne de vélo. Il ne sera pas conscient de ce but implicite s'il est certain que les révisions techniques sur son vélo ont été faites consciencieusement. Mais, il en prendra vite conscience si le problème se présente et qu'il ne réussit donc pas à se qualifier. Après l'incident, puisque le but d'avoir un vélo en ordre deviendra explicite, il entreprendra des actions afin que les procédures techniques soient révisées. Ce qui avait peut-être été négligé depuis trop longtemps. Oui, la victoire est aussi une question de détails… implicites.

LE BUT SPÉCIFIQUE : CELUI QUI PERMET DE PRÉCISER LES ÉTAPES POUR ARRIVER À L'ATTEINDRE

Le but spécifique présente les jalons à franchir afin de combler l'écart. Toute son importance repose sur la possibilité de quantifier le progrès de l'athlète. Ainsi, le but spécifique permet de déterminer chacune des étapes à respecter en fonction du contexte (j'approfondis la notion de contexte plus loin) dans lequel évolue l'athlète.

EN RÉSUMÉ

Grâce à cette meilleure compréhension de l'impact de la formulation des buts sur la performance, nous pouvons définir ce que nous ne voulons pas et ce que nous voulons dans la formation d'un but.

Ce que nous ne voulons pas dans la formulation d'un but :

- Qu'il soit négatif.
- Qu'il soit vague.
- Qu'il reste général.
- Que l'on oublie les buts implicites.

Ce que nous voulons dans la formulation d'un but :

- Qu'à partir d'un but général nous formulions des buts spécifiques qui définiront les étapes à franchir.
- Que chacun des buts spécifiques (étapes à franchir) offre des moyens de collecter des données.
- Que chacun des buts spécifiques permette de prédire ou d'extrapoler la progression de l'athlète dans le temps.
- Que chacun des buts spécifiques permette de planifier des actions, de définir un processus de décisions et de favoriser l'exécution d'actions.
- Que chacun des buts spécifiques permette de quantifier l'impact des actions entreprises et de réviser la stratégie d'actions au besoin.
- Que les buts implicites qui peuvent influencer l'atteinte d'un but spécifique soient identifiés afin d'être contrôlés.

Pour résumer le tout, j'y vais d'un exemple global, sur lequel vous pourrez vous baser pour travailler sur la formulation de vos buts.

ÉTAPE 1 : FORMULER LE BUT GÉNÉRAL

Me qualifier pour les championnats régionaux en courant 10 km en moins de 30 minutes.

Sous cette formulation, ce but indique ce que vise l'athlète (championnats régionaux) et ce qu'il doit atteindre pour y arriver (courir 10 km en moins de 30 minutes).

ÉTAPE 2 : FORMULER LES BUTS SPÉCIFIQUES

Chacun de ces buts doit donc permettre de définir les étapes à franchir afin de combler l'écart qui existe entre les capacités actuelles de l'athlète et celle qu'il doit acquérir ou améliorer afin de se qualifier au championnat régional. À titre d'exemple :

- Améliorer son niveau de condition physique (VO_2max) de 8 %.

Vous voyez ici que j'ai formulé le but de façon spécifique. J'ai stipulé : « améliorer le niveau de condition physique (VO_2max) de 8 % » et non « améliorer le niveau de condition physique ». Le but tel que je l'ai formulé comporte deux spécifications : une quantité de progrès et le type de condition physique que je souhaite améliorer. Ici en l'occurrence la capacité aérobie maximale, car j'ai indiqué la spécification : VO_2max.

De plus, l'évolution de cette variable est mesurable par un test de VO_2max et précise le type d'entraînement vers lequel s'orienter, soit l'entraînement de nature cardiovasculaire. Je pourrais même être encore plus précis en spécifiant le volume d'entraînement en condition aérobie et anaérobie puisqu'avec ce type de test, j'ai en main toutes les informations dont j'ai besoin pour arriver à un tel degré de précision.

Si je me limite à formuler le but en spécifiant : « améliorer le niveau de condition physique », je n'ai aucune idée de la quantité de progrès visée et je pourrais m'acharner à entraîner l'athlète sans cibler les bonnes qualités physiologiques à améliorer.

Un but spécifique (vraiment spécifique) nous empêche de nous perdre en chemin, et surtout d'obliger l'athlète à s'épuiser sur un programme d'entraînement totalement inutile pour lui. Et contrairement à ce que vous pourriez croire, bien des entraîneurs et des athlètes perdent leur chemin.

OK ! Je me suis emballé un peu avec ce premier but spécifique. En voici un autre :

- Améliorer la stabilité biomécanique à une allure de 3 min/km.

Imaginons que l'athlète éprouve de la difficulté à franchir le cap des 3 min/km. Je pourrais formuler le but ainsi : « augmenter la vitesse de course ». Mais, ce but reste trop général. Il n'explique pas pourquoi l'athlète rencontre cette limite. Comme nous le verrons plus loin, il nous faut au départ connaître les variables qui influencent la vitesse de course.

Parmi celles-ci (sans être exhaustif) :

- Le VO_2max.
- La biomécanique.
- L'état des réserves énergétiques (nutrition).
- La perception de la douleur.

Je connais donc les variables qui influencent la vitesse de course, je peux donc déterminer ce qui limite l'athlète et ce que je dois mesurer.

Récapitulons la structure de nos connaissances jusqu'à présent.

Nos pensées découlent de notre système de croyances (nos valeurs). Nos pensées sont orientées en fonction de l'atteinte de buts. Pour atteindre ces buts, nous devons agir, ou adopter des comportements. Pour atteindre un but (réussir), nous devons combler l'écart qui existe entre nos capacités actuelles et celles requises pour l'atteindre. La formulation du but est d'une importance capitale, car elle détermine les comportements que nous adopterons et les outils de mesure pour évaluer les progrès. Évaluer de façon concrète les progrès de l'athlète et l'amener à focaliser son attention sur les actions et comportements à maintenir, cela nourrit sa confiance et évite qu'il rumine sans cesse des pensées et émotions négatives.

Quel est l'avantage d'une telle réflexion (planification) qui, dois-je l'admettre, nécessite du temps et des efforts ? Eh bien, elle nous détourne de la facilité. En fait, nous avons tous tendance à agir en fonction de modèles prédéterminés. Grâce à ces mêmes modèles, nous automatisons nos procédures et ne les remettons jamais en question. Des procédures qui procurent une économie de temps et d'énergie, mais au final, il s'agit d'une répétition de formules générales que l'on croit efficace pour tous les athlètes en tout temps.

Notre compétence repose trop souvent sur ces modèles répétitifs. Ainsi, il est plus facile pour nous de choisir les problèmes à résoudre en fonction de notre compétence et non en fonction de ceux qui doivent être résolus. En somme, nous résolvons les problèmes que nous nous sentons capables de résoudre. La question est de savoir si ceux-ci constituent les vrais problèmes à résoudre pour l'athlète.

5
AGIR EFFICACEMENT DANS UN SYSTÈME DYNAMIQUE COMPLEXE

Je vous le disais, la planification de la performance n'est pas pour les paresseux. Avant même de mettre en place un programme d'entraînement, il faut franchir une série d'étapes. Voici donc comment nous venons jusqu'à présent de peaufiner notre compréhension de la planification de la performance et quelles en sont les étapes.

ÉTAPE 1 : COMPRENDRE LE « MONDE » DE L'ATHLÈTE

Le monde de l'athlète se manifeste à travers une cascade d'évènements inconscients qui se déroulent sur le plan psychologique et émotionnel.

- Les valeurs déterminent la nature de ses pensées.
- Ses pensées sont orientées en fonction de l'atteinte de buts.
- Pour atteindre ses buts, il entreprendra des actions.
- Les actions doivent lui permettre de combler l'écart « perçu » entre où il se situe actuellement et où il souhaite se retrouver.

Ce travail peut sembler au départ très fastidieux, mais il est essentiel de le réaliser si nous voulons que notre planification produise les résultats souhaités.

Comme nous l'avons vu précédemment, vous aurez beau élaborer le meilleur plan d'entraînement possible, si vous ne comprenez pas assez bien la personnalité de l'athlète (ses valeurs), vous risquez de heurter un mur assez rapidement et voir ses progrès s'évanouir.

Afin que l'athlète s'investisse, les buts poursuivis doivent être en accord avec ses valeurs. S'il y a conflit de quelque nature que ce soit, une lutte mentale naîtra et la résultante n'aura jamais rien de positif.

ÉTAPE 2 : COMBLER L'ÉCART

Afin d'amener l'athlète à combler l'écart qui existe entre son niveau actuel et celui visé, il faut formuler des buts spécifiques. Ces buts permettent de définir le programme d'entraînement qui créera une adaptation positive en fonctions de qualités musculaires ou physiologiques précises. Également, ils permettent aussi de déterminer les outils de mesure du progrès qui seront utilisés. Souvenez-vous, l'évolution de l'athlète ne doit pas être laissée au hasard, ni reposer sur un programme d'entraînement général, ni à une mesure « émotionnelle » de ses propres progrès.

ÉTAPE 3 : COMPRENDRE L'INTERRELATION QUI EXISTE ENTRE LES VARIABLES

Comprendre la nature, l'importance et l'interrelation qui existent entre les différentes variables qui ont une relation de cause à effet sur la performance, ce que l'on appelle un système dynamique. C'est cette même étape que nous allons maintenant approfondir ensemble.

Comprendre le système dynamique dans lequel évolue l'athlète

Tout le travail que nous avons accompli jusqu'à présent constitue les bases sur lesquelles repose la planification de la performance. À partir de maintenant, il faut monter les murs, poser le toit, peinturer les murs et finaliser les détails avant de prendre possession de la maison.

Je sais que je me répète, mais ainsi, votre compréhension sera parfaite. Donc, jusqu'à présent, notre compréhension de la performance s'est élargie. Nous comprenons que l'athlète comprend le monde à travers un système de valeurs (ou des croyances quant au fonctionnement du monde). Ces mêmes valeurs déterminent le type de pensée qu'il entretient. Ces pensées sont orientées vers l'atteinte de buts. Pour que l'athlète atteigne ses buts, ceux-ci doivent être formulés de façon spécifique. Ces buts déterminent alors des actions ou comportements précis à adopter. Finalement, l'impact de ces comportements est mesurable. Il est donc possible de déterminer si l'athlète comble l'écart qui existe entre ses capacités actuelles et celles requises pour atteindre ses buts.

Les premières variables du système dynamique ont donc pris leur position : valeurs, pensées, buts, actions, mesures.

À partir de maintenant, puisque nous sommes à définir les actions qui permettront d'atteindre les buts poursuivis, nous devons alors intégrer de nouvelles variables dans notre système, variables que nous appellerons : les déterminants de la performance.

À ce niveau d'analyse, nous savons très bien que l'entraînement et la motivation ne pourront jamais à eux seuls permettre à notre athlète de dépasser ses limites actuelles. En fonction des buts spécifiques que nous avons formulés dans l'exemple du chapitre précédent, nous connaissons les résultats à atteindre et avons aussi déterminé quel programme d'entraînement spécifique permettra de les atteindre.

Maintenant, nous nous devons d'analyser plus en profondeur la nature même de l'entraînement auquel sera soumis l'athlète et nous poser les bonnes questions :

- Que doit produire le programme d'entraînement ? Réponse : une adaptation positive.

- Comment se produit cette même adaptation ? Réponse : grâce à une stimulation adéquate (entraînement spécifique) et des réserves énergétiques suffisantes.

- Qu'est-ce qui influence l'état des réserves énergétiques ? Réponse : la nutrition, l'hydratation, le stress et les émotions négatives, la biomécanique, la fatigue, la qualité du sommeil, les blessures, la douleur, les capacités cognitives, la température, le taux d'humidité, la qualité de l'équipement, le décalage horaire.

Nous venons donc d'introduire les nombreux déterminants de la performance. Ces mêmes déterminants auront un impact différent d'un contexte à l'autre. Par exemple, livrer une performance de longue durée à 32 degrés celcius, imposera un stress physiologique nettement supérieur qu'à une température de 20 degrés, pour un même taux d'humidité. La planification comportera donc des différences majeures et imposera une stratégie totalement différente.

Ainsi, le milieu interne de l'athlète (de ses pensées à sa physiologie) est en connexion directe avec le milieu extérieur dans lequel il évolue à un moment spécifique. Sa performance du moment découlera d'une capacité de gestion globale. Omettre un élément peut signifier l'échec.

Reculons des quelques pas afin d'avoir une vision plus globale de notre planification. Dans l'exemple du chapitre précédent, nous avons formulé deux buts spécifiques :

1. Améliorer le niveau de condition physique (VO_2max) de 8 %.

2. Améliorer la stabilité biomécanique à une allure de 3 min/km.

Que révèlent ces deux objectifs ? Qu'il n'existe pas qu'une seule forme de programme d'entraînement. Et pourquoi ? Parce qu'il existe différentes qualités musculaires et physiologiques.

Au niveau musculaire localisé, ces qualités sont : la force, la puissance, l'endurance, la résistance et la souplesse.

Au niveau physiologique, ces qualités sont : la capacité aérobie maximale (VO_2max), l'endurance et la capacité anaérobie.

Puisque le rôle d'un programme d'entraînement est de provoquer une adaptation positive, il faut être capable d'identifier sa nature et les groupes musculaires qui la concernent.

Nous savons que pour permettre à l'athlète d'améliorer son VO_2max de 8 %, nous devrons améliorer sa capacité aérobie maximale et que le programme d'entraînement sera de nature cardiovasculaire.

Afin de contribuer à l'amélioration de sa stabilité mécanique à une allure de 3 min/km, si nous déterminons que pour ce faire, nous devons entre autres accroître l'endurance des muscles stabilisateurs des hanches, alors un programme musculaire localisé (muscles stabilisateurs des hanches) en endurance doit être mis en place. Également, un travail d'analyse biomécanique devra être entrepris, afin de permettre à l'athlète d'acquérir une meilleure coordination musculaire, d'améliorer son utilisation du retour de force du sol après l'impact au sol de chaque pied et de corriger l'angle de ses vecteurs de force. Tout cela pour faire en sorte qu'il réduise sa dépense énergétique à haute vitesse. Ce qui signifiera que sa performance s'en trouvera améliorée.

Dans cet exemple, nous sommes très loin d'un programme global ou notre seule intention est de pousser l'athlète en tout temps à sa limite maximale. Également, nous ne lui faisons pas perdre de temps à développer ses pectoraux et ses biceps alors que cela s'avère totalement inutile à l'atteinte des buts fixés.

Avançons de quelques pas maintenant. Nous avons formulé des buts spécifiques qui ont contribué à déterminer les qualités musculaires et physiologiques que devait améliorer l'athlète. Ainsi, un programme cardio et un programme musculaire destinés à créer une adaptation positive, sur des facteurs concrets, ont été développés. Quel pas en avant n'est-ce pas ?

Dans notre prochaine étape, qui s'avérera être un pas de géant dans la planification de la performance, nous allons relier entre eux l'ensemble des déterminants de la performance qui forment notre réseau de variables.

LE RÉSEAU DE VARIABLES

Toutes ces variables sont en relation les unes avec les autres. Réfléchissons-y de nouveau. Le programme d'entraînement doit permettre à l'athlète de combler l'écart qui existe entre sa capacité actuelle et celle désirée en créant une adaptation musculaire et physiologique positive.

Qu'est-ce que signifie : s'adapter positivement sur le plan musculaire et physiologique ? Le corps construit sa masse musculaire, améliore l'utilisation de ses réserves énergétiques et devient capable de fournir un travail (ou effort) de plus haute intensité sur une plus longue période de temps ou dans une période de temps fixe.

Et que nous dévoile cette définition ? L'adaptation positive en réponse à un programme d'entraînement, repose en tout temps et en toutes circonstances sur l'utilisation et la disponibilité de réserves énergétiques pour accomplir l'effort demandé.

Qu'est-ce qui affecte la disponibilité des réserves énergétiques ? Toutes ces magnifiques variables dont je vous parle à l'instant.

Je survole l'importance de chacune d'entre elles, mais je n'entre pas dans le détail, car je devrais écrire un livre complet sur chacune. Ce qui n'est pas le but de ce livre.

LA NUTRITION

Puisque l'adaptation et la performance reposent sur la disponibilité et l'utilisation de réserves énergétiques, d'où provient cette énergie? Des protéines, lipides et glucides que consomme l'athlète.

Ainsi, en fonction de son métabolisme de base, de sa masse musculaire et de sa dépense énergétique à l'entraînement, afin de s'adapter et de livrer la performance attendue, il doit consommer l'énergie équivalente à sa dépense énergétique.

À titre d'exemple, s'il dépense (pour son métabolisme de base et son entraînement quotidien) 2 800 calories et qu'il n'en consomme que 1 800, il lui manque donc 1 000 calories chaque jour. Il ne peut alors s'adapter ni progresser, car il n'obtient pas l'énergie nécessaire de son alimentation. Il risque également de présenter certaines déficiences en vitamines et minéraux qui jouent à leur tour un rôle important dans la production et l'utilisation de l'énergie.

Qui d'entre vous gère avec précision sa nutrition?

L'HYDRATATION

Température et humidité jouent un rôle majeur sur la performance. Si l'athlète se retrouve dans une situation où il transpire beaucoup et qu'il ne remplace pas adéquatement l'eau et les électrolytes perdus, sa performance déclinera.

L'adaptation à l'entraînement, l'utilisation et la reconstruction des réserves énergétiques requiert une excellente hydratation.

Gérez-vous efficacement votre hydratation?

LE STRESS ET LES ÉMOTIONS NÉGATIVES

Suivre les étapes présentées dans cet ouvrage afin d'établir la planification de la performance réduira considérablement les stress et les émotions négatives en lien avec l'incertitude et la peur de l'échec.

Cependant, cela ne pourra contrôler tous les problèmes de stress rencontrés par l'athlète. Autant l'entraînement physique est important, autant il est essentiel d'enseigner à l'athlète comment mieux gérer ses pensées et ses émotions.

Avez-vous un programme de gestion du stress pour aider l'athlète ?

LE STRESS DU TEMPS (CONSÉQUENCES DE L'ÉCHEC)

En situation d'entraînement, tout peut se passer à merveille. Mais, en situation de compétition, où le temps tranche entre le perdant et le vainqueur, les conséquences de l'échec prennent alors une tout autre signification pour l'athlète. Il peut maintenant échouer. Et avec l'échec, vient aussi un lot de conséquences négatives.

Entraîner l'athlète à focaliser son attention sur les tâches à accomplir, en situation de pression du temps se révèle un atout majeur.

Avez-vous une stratégie en ce sens ?

LA FATIGUE GÉNÉRALE

L'athlète ne peut utiliser 100 % de ses capacités en tout temps. Dans de telles conditions, la fatigue s'installe et les performances diminuent. Cela va à l'encontre des buts poursuivis. Cependant, dans bien des cas, au lieu de s'intéresser à la nature de la fatigue et aux facteurs qui l'engendrent, la tendance est de lutter contre.

Gérez-vous efficacement la fatigue ou luttez-vous contre elle ?

LE SOMMEIL

Plus l'athlète atteint des intensités et durées d'entraînement élevées, plus il aura besoin de sommeil. Un manque de sommeil nuira à son adaptation. Ses progrès et sa performance s'en trouveront affectés.

Comment évaluez-vous la quantité et la qualité du sommeil ?

LES BLESSURES

Toute blessure modifie d'emblée la capacité aérobie, la capacité musculaire et la biomécanique. Un athlète a besoin d'une condition optimale afin d'atteindre ses objectifs. Ignorez une blessure (par orgueil mal placé) ou les recommandations de l'équipe médicale et tout le monde s'aligne alors vers un désastre.

Comment agissez-vous quand une blessure se manifeste ?

LA DOULEUR

L'athlète doit souvent affronter la douleur en situation de haute intensité. La perception de la douleur varie considérablement d'une personne à l'autre. Cette perception peut alors jouer un rôle capital sur la capacité de l'athlète à repousser ses limites et à livrer la performance attendue en compétition.

C'est une dimension qui demeure malheureusement très abstraite pour la plupart des entraîneurs et athlètes, mais il existe des outils qui permettent de comprendre comment l'athlète perçoit la douleur et réagit à celle-ci.

Un psychologue bien formé peut vous aider à mieux gérer cette dimension.

Comment traitez-vous cette dimension ?

LES CAPACITÉS COGNITIVES

La planification établie repose sur une notion de collecte de données, de mesure de progrès et d'actions. Afin que l'athlète puisse suivre adéquatement cette planification, il doit être capable d'avoir accès à cette information et de la comprendre.

À toutes les étapes et en toutes circonstances, il faut s'assurer qu'il a accès à l'information nécessaire, qu'il comprend ce qu'elle signifie. Et en fonction de cette signification, définir comment il doit agir.

L'athlète comprend-il bien toutes les informations nécessaires et comment doit-il réagir à celles-ci ?

L'ENVIRONNEMENT (TEMPÉRATURE, HUMIDITÉ, DÉCALAGE HORAIRE)

Le corps contient en général 5 litres de sang. Le débit sanguin permet d'acheminer l'oxygène et les nutriments aux différents organes et d'éliminer certains métabolites et le CO_2 à titre d'exemple.

Chaque organe : la peau, le foie, le cœur, les reins, les os, la musculature, le cerveau, a besoin de sang pour vaquer à ses obligations. Pour répondre à une demande énergétique grandissante, la fréquence cardiaque s'accroît afin d'augmenter le débit sanguin et de répondre aux demandes des différents organes.

Imaginons que vous couriez à l'extérieur à haute intensité. Votre fréquence cardiaque augmentera afin d'acheminer suffisamment de sang aux muscles en action. Mais, aussi s'ajoutent une température et un taux d'humidité élevé. Pour réussir à se refroidir, votre corps doit transpirer et pour se faire, le débit sanguin au niveau de votre peau doit augmenter. Une compétition vient de s'amorcer entre vos muscles et votre peau.

Votre cerveau quant à lui requiert une quantité d'énergie déjà considérable en situation de repos, soit 20 à 30 % du métabolisme de base. Alors, si de plus vous êtes en situation de décalage horaire, votre cerveau nécessitera aussi un plus grand débit sanguin afin de tenter de récupérer.

Finalement, vous avez mal géré votre nutrition et avez trop mangé avant d'aller courir. Afin de digérer toute cette nourriture, votre estomac lui aussi demandera un débit sanguin plus élevé.

Votre corps tentera de répondre à toutes ces demandes en élevant votre fréquence cardiaque plus que la normale afin de répondre à cette exigence accrue au niveau du débit sanguin. Pour un même niveau d'effort, vous dépenserez considérablement plus d'énergie, la fatigue s'installera plus rapidement et votre performance s'en trouvera diminuée.

Gérez-vous efficacement les demandes de l'environnement?

LA QUALITÉ DE L'ÉQUIPEMENT

Comme expliqué précédemment, la qualité de l'équipement constitue un but implicite. Un élément dont on ne comprend l'importance que lorsqu'un problème se présente.

La prévention étant l'art de faire en sorte qu'il ne se passe rien, il demeure important d'établir et de respecter un protocole d'inspection de l'équipement. Il est toujours dommage de détruire les efforts de l'athlète par manque de vigilance.

Avez-vous un protocole d'inspection de l'équipement et le respectez-vous?

LA BIOMÉCANIQUE

Le but de maîtriser la biomécanique d'un mouvement est de réduire la dépense énergétique à tous les niveaux possibles d'effort. Plus vos mouvements sont efficaces, plus vous économisez de l'énergie, et plus vous augmentez votre efficacité.

Dans l'apprentissage d'un sport ou d'une discipline, cet aspect de l'entraînement est très important. Souvent par contre au fur et à mesure que l'athlète progresse, moins d'attention est portée à cette dimension de l'entraînement.

Pourtant, l'impact de la biomécanique sur la performance devrait être un aspect en constante analyse.

Tentez-vous d'améliorer constamment votre efficacité biomécanique?

6
UN RÉSUMÉ VISUEL

Une présentation visuelle de l'interrelation qui existe entre chacune des variables représente selon moi un excellent moyen de résumer le contenu de tout ce que nous avons abordé comme information jusqu'à présent.

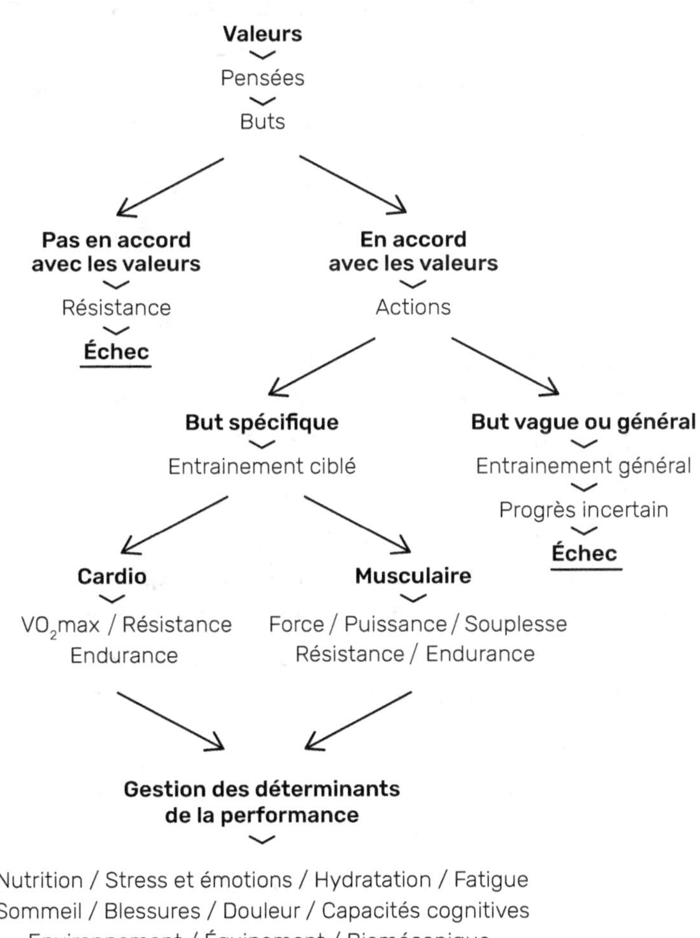

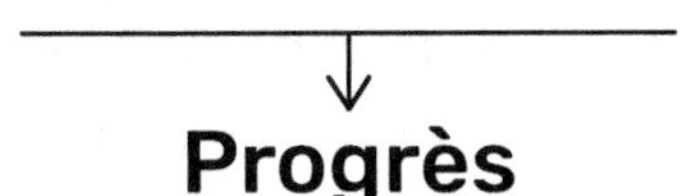

7

TENIR UN JOURNAL

En regard de l'entraînement et des complétions, je répète aussi souvent que possible aux athlètes que je coache : « il faut que tu saches pour quelles raisons tu as échoué et pour quelles raisons tu as réussi. »

Quand vous savez pour quelles raisons vous avez réussi, vous pouvez donc exploiter une cascade d'évènements à votre avantage. Quand vous connaissez les raisons pour lesquelles vous avez échoué, vous pouvez corriger les erreurs commises.

Mais, dans les deux conditions, si vous ignorez pourquoi, parce que vous ne notez rien, vous remettez votre performance entre les mains du hasard.

Ainsi, jour après jour — avec entraînement, pas d'entraînement, compétition, pas de compétition — vous devez noter dans un journal toutes les informations relatives aux variables qui influencent votre performance (utilisez le résumé visuel du chapitre 6).

De cette manière, à titre d'exemple, si vous avez fait mauvaise figure lors d'une compétition, vous pouvez revenir sur les derniers jours pour identifier ce qui vous a affecté négativement. À l'inverse, si vous livrez une très bonne performance, vous pourrez alors définir les comportements que vous avez respectés avec rigueur au cours des derniers jours et qui ont eu un impact positif sur votre performance.

- Quand vous éprouvez des difficultés ou échouez, vous devez savoir pourquoi.
- Quand vous réussissez, vous devez savoir pourquoi.

Ne laissez rien au hasard ou à la supposition. L'athlète qui surpasse tous les autres est celui qui fait l'effort de noter les évènements qu'il vit et d'en comprendre l'impact.

8
LES ERREURS QUE VOUS NE COMMETTREZ PLUS JAMAIS

Tout ce long processus d'analyse auquel je vous invite à prendre part dans ce livre vise bien entendu à « planifier » vos progrès et votre réussite, mais aussi à ne plus commettre des erreurs tactiques qui se manifestent trop souvent.

Athlètes et entraîneurs doivent constamment prendre des décisions. Pour atteindre l'objectif, ces décisions doivent être les bonnes. Lorsque la performance est laissée entre les mains du hasard, d'un programme d'entraînement non spécifique et de la motivation, les décisions erronées deviennent nombreuses.

Sans planification de la performance sportive, athlètes et entraîneurs prennent des décisions sans analyse préalable de la situation. Ils sont incapables d'anticiper les effets négatifs et les impacts à long terme de leurs décisions et ils assument trop facilement qu'ils ont pris la bonne décision parce qu'ils ne perçoivent pas d'impacts négatifs immédiats.

Sans planification, athlètes et entraîneurs, au lieu de gérer le processus qui conduit à la réussite, s'attarderont à chaque situation séparément. Et face à un problème, comme la solution facile est d'appliquer une surdose des stratégies qui nous sont bien connues, une surdose d'entraînement ou de motivation sera proposée. Si ça va encore plus mal ensuite, puisque personne n'aime se remettre en question, tout ça sera la faute de quelqu'un ou de quelque chose d'autre. Ainsi, tout le monde peut alors ignorer les véritables raisons de l'échec. Mais le vrai problème lui, demeure présent.

Ignorer les véritables raisons de l'échec est aussi plus rassurant, car nous choisissons le plus souvent les problèmes à résoudre en fonction de notre compétence et non en fonction de ceux qui doivent être résolus. En somme, notre efficacité se limite trop souvent à résoudre les problèmes que nous nous sentons capables de résoudre. Pour les vrais problèmes à résoudre, il suffit de ne pas vouloir savoir qu'ils sont présents et encore une fois la pensée magique entrera en action. Ne voulant pas savoir, nous finirons par nous convaincre qu'ils disparaîtront d'eux-mêmes.

Vous comprenez maintenant pourquoi la planification de la performance sportive n'est pas pour les paresseux. Alors, ne soyez pas paresseux. Faite ce que les autres ne font pas : planifier la performance, et vous surpasserez les meilleurs.

CONTACT

Dr Denis Boucher, Ph. D.
www.denisboucher.com
info@denisboucher.com